Anna Maria Lipinski

Rituale des Vergessens

Gedichte über die Liebe

BOD VERLAG

Bibliografische Information der Deutschen Nationalbibliothek:
Die Deutsche Nationalbibliothek verzeichnet diese Publikation in der
Deutschen Nationalbibliografie; detaillierte bibliografische Daten sind im
Internet über http://dnb.dnb.de abrufbar.

© 2020 Anna Maria Lipinski
Illustrationen: Anna Maria Lipinski
Layout & Covergestaltung: Qamar Mahmood
Korrektorat & Lektorat: Alexander Hinz
Herstellung und Verlag:
BoD – Books on Demand, Norderstedt

1. Auflage, November 2020
ISBN: 978-3-7526-1099-4

INHALTSVERZEICHNIS

Für Sandra,
die mich meiner selbst erinnerte,
als ich mich zu vergessen begann.

Traumrausch

Du hast mich gefunden,
als ich mich verloren hatte.

· · · · · · · · · · ·

Jetzt, da ich mich in dir verloren habe,
wird der Drang, mich zu verlieren, obsolet.

HERBSTGEDICHT

Tanzendes Holz, prasselnder Regen,
silberne Fäden stürmen verwegen.
Der Klang des Windes drohend ertönt,
des Sommers Gefährten werden verhöhnt.

Schwarzgraulautes Firmament
flüstert lüstern vom Moment,
in dem ich deinen Körper spüre,
in dem ich deinen Geist berühre.

Gebettet auf nassgrünem Moos
lässt mich dein Fleisch nun nicht mehr los.
Ich will in deinem Blick versinken,
aus deinen Händen Liebe trinken.

Und wenn es ewig weiterschauert,
der Herbst Kalender überdauert,
wird jeder Tropfen danach gieren,
ein Herzensweltmeer zu kreieren.

Du hast eine endlose Melodie
in mein Herz geschrieben.
Liebe ist, sie auch
in der Stille zu hören.

Du berührst mich und manchmal ist es das Einzige,
dem ich lauschen möchte.

WANDERLUST

Im Hintergrund Musik erklingt,
die Hände gehn auf Reise.
Ich atme deine Nähe ein
und du berührst mich leise.

Die Lippen sind wie Wanderer,
ihr Weg ist Abenteuer.
Und machen sie gemeinsam Rast,
entfachen Sie ein Feuer.

Im Hintergrund Musik erklingt,
ich lass mich von dir führen.
Du tauchst mein Herz in deine Brust.
Es kann dein Klopfen spüren.

Ich liebe dich

Mit jener wildpuren

Magie, mit der die

Elemente in einem

Reigen in die

Zukunftsheimathäfen

Unserer Seelen tanzen.

(immerzu)

FÜR DICH, FÜR IMMER

So fühlt sich das Fürimmer an.
Es kriecht wie eine zweite Seele
in meinen Leib,
schmiegt seine Akkorde um meinen Atem,
schluckt das Farbenspiel des Firmaments.
Und wenn ich einsam bin,
schmecke ich es meinen Namen flüstern.

Du bist der Traum,
wegen dem ich mich immer
nach der Nacht sehnte.

(der Versuch einer Liebeserklärung)

WORTE FINDEN

Sommernacht dich anzuschauen,
warm und endlos, samtenweich.
Dich zu spüren, einzuatmen,
einem Sommerregen gleich.

Ich bin ewig weit gereist,
sternenschweifelange Meilen,
auf der Suche nach den rechten,
dir gerechten Liebeszeilen.

Worte, die dir mein Gefühl
malvenrot gestehen wollen,
gibt es nicht, sie klingen einfach
nie so, wie sie klingen sollen.

Sommernacht in dich zu blicken,
schemenhaft seh ich auch mich.
Werde weiter Schwüre suchen.
Solang sag ich: Liebe dich.

Du hattest Wehmut im Blick,
aber ich hatte Trost auf den Lippen.

Andere tränken ganze Romane in ihren
Sehnsüchten und vermögen es trotzdem
nicht, das Gefühl auszudrücken,
welches ein Blick von dir offenbart.

VERWOBEN

Unsre Seelen sind verwoben,
schemenhafte Traumgewänder.
Unsre Venen sind versponnen.
Rar sind diese Purpurbänder.

Uns verbinden Leidenschaften,
Flüsse, die in Meere münden,
Körper, die einander nähren,
sich zum Sinnesrausch verbünden.

Die Gedanken spiegeln leise,
was die Blicke süchtig wispern.
Und berührn sich unsre Lippen,
hört man atemloses Knistern.

All das lässt uns beide spüren,
dass wir nicht zu sehnen brauchen.
Sind wir doch dazu erschaffen,
in des andren Geist zu tauchen.

Akrostichon in D-Dur

Melodien in unserem Blick
Indigo gefärbter Tag
Triebverträumtes Seelenglück

Dein Herz über meines wacht
Irdische Dreifaltigkeit
Ruf nach purer Ewigkeit

(und wenn deine Gedanken nun das D-Moll anspielen,
dann nur, weil du weißt, dass es keine Ewigkeit gibt, nicht?)

NACHTMUSIK

In meinen Träumen bist du mir ganz nah,
wir liegen auf dem schwarzen Erdengrund,
wie es seit Anbeginn des Herbstes war,
und hören Klänge wispern Stund um Stund.

In meinen Träumen schau ich zu dir hoch,
die Blicke treffen sich zu einem Kuss,
die Lippen treffen sich zu einem Rausch.
Durch unsre Venen fließt der gleiche Fluss.

Der Sinne rauschvertrautes Spiel
malt Bildnisse mit einem Ziel.
Zu zeichnen, was du für sie bist,
dass diese Liebe unvergleichlich ist.

(es sind Zeichnungen, für die es nicht ausreichend Farben gibt)

FARBENSPIEL

Du bist des Himmels Blau,
das meine Träume malt,
wenn Sternenstaub es ziert,
die Nacht im Mondlicht hallt.

Du bist der Wolken Rot,
das mich am Morgen streift,
wenn es mich flüchtig küsst,
nach meinen Händen greift.

Und ob ich ruh des Nachts
oder am Tag verweil,
ein jeder Farbspielton
erscheint von dir ein Teil.

So seh ich auch im Gold
der Sonnenadern dich.
Und gäb es nur das Schwarz,
wärst du das eine Licht.

Liebe

Wenn ich mich im Dunkeln fürchte,
trägst du mich zu den Sternen.

Liebe

Und während andere sinistre Momente fürchten,
bin ich durch dich von Dunkelseligkeit durchdrungen.

So sehr ich

Es ersehne,

Hand in Hand

Neben dir zu schweigen,

So sehr ersehne ich es,

Unter berauschten Schreien einem

Crescendo entgegen zu

Hallen, welches nur im

Tod sein Ende findet.

WAS MICH SÜCHTIG MACHT

Wie nach Wasser giert die Erde,
wie das Feuer nährt die Luft,
bleib ich süchtig und ich werde
sehnsüchtig nach deinem Duft.

Purpurwild, goldwarmbetörend,
bin des Wunderwahnsinns nah.
Atme Rausch ein, sinnverstörend,
seinbeflügelnd, unsichtbar.

Dein Geruch ist meine Droge,
ausgeliefert und verfallen,
in Ekstase glühend Woge
hör ich Sinnesreize schallen.

Völlerei

Je verdorbener du schmeckst,
desto mehr labe ich mich an dir.

TRAUMRAUSCH

Zwischen
schwarzen Laken zeichnen Bilder
traute Träume immer wilder,
solche, die vom Sehnen handeln,
solche, die den Geist verwandeln,
Träume von tiefstem Begehren,
Impressionen vom Verzehren,
vom Verlust von Raum und Zeiten.
Bilder, stürmisch wie Gezeiten,
tauchen in mich mit Gewalt
in des Traumes Nachtgestalt.
In des Traumes Rausch verloren,
jede Pore auserkoren,
wolllustig noch zu betören,
wenn wir längst dem Tag gehören.

Erinnerungen pflastern wie Bilder kahle Wände,
Momente mit dir schreiben traumwilde Liebesbände.

(auf ewig)

(ich lerne nicht dazu)

Jede Silbe greift nach dir.
Sie spinnt ein Zukunftsnetz im Hier.

Du ziehst mich zu dir,
bis ich unter deiner Haut verblute.

(und so beginnt es)

Reisen zu
Sternen und
Schatten

• • • • • • • • • • • •

Ich kann nicht gut mit Sehnsucht umgehen.
Sie lässt mich vergessen, dass ich sie empfinde.

SPAZIERGANG IM RAUSCH

Wir spazierten immer gerne,
Hand in Hand und fern der Ferne.
Mehr als Meer verband uns Sonne,
Himmelsrauschen, Wunderwonne.

Hell erfüllt am Regenbogen
regnete es Liebesdrogen.
Wir vergaßen Raum und Zeiten.
Traumvergessne Kostbarkeiten

waren diese Lichtmomente.
Atme noch die Farbpigmente,
atemraubend ihre Klänge,
bunt erklangen die Gesänge:

Lass uns Wunderwahnsinn leben,
uns des Sinnes Wahn ergeben.
So spazierten wir stets gerne
Herz an Herz und fern der Ferne.

Gefesselt

Mit jeder Seite, die ich lese, steigt die Angst.
Doch du bist kein Buch, das ich weglegen kann.

WEISS VERSTAUBTE WIRKLICHKEIT

Winterstaub auf schwarzem Grund
leuchtet uns grellblind den Pfad.
Taumelnd halten wir dran fest,
purpurn blühte einst die Saat.

Als ich fiel, hielt mich dein Arm
und der Himmel nahm uns auf.
Eng umschlungen schwebten wir
in der Sterne Reich hinauf.

Labyrinth am Himmelszelt.
Ich verlor dich an die Zeit.
Spät greifst du erneut nach mir,
staubverklärte Wirklichkeit.

Wider
Aller
Sehnsucht

Identifiziert
Sich
Träumerei

Mit
Atemberaubend
Großer
Innerer
Energie.

(was ist Magie?)

Ich blättere durch meine Tagträume.
Manche flüstern vergilbt.
Hier wohnen meine Gedanken.
Hier erflehen sie die Nacht.

(Reise zu den Schatten)

Ich wagte nicht,
diese Realität zu träumen,
denn ich realisierte nicht,
diesen Traum zu wagen.

(Reise zu den Sternen)

WANDERLUST II

Finster hüllt das Himmelszelt.
Trunken schaukeln seine Winde.
Spottend blickt herab die Welt.
Bangnis nährt in uns das Kinde.

Galgend greift nach uns der Wald,
zu verführen und zu hängen.
Und des Sturmes Nachtgestalt
lockt uns listig mit Gesängen.

Oh, du grausamste Natur,
Schatten werfen deine Krallen.
Ist es für Momente nur,
möcht ich dennoch dir verfallen.

Und während ich mich nach Ewigkeit sehne,
hat diese schon längst begonnen.

Im Dunkeln rauscht es flackernd,
die Stille wiegt mein Herz.
Wo tote Träume neu erblühn,
vergräbt die Nacht den Schmerz.

Und wenn ich nicht von dir träume,
dann nur, weil du mir den Schlaf raubst.

Wärst du mein,
Ich würde nur
Ewigkeit atmen.

(aber wie?)

EIN TEIL DER REISE

Schwere Lider, Lichtpigmente,
traumesbunte Herzmomente.
Meine Finger gehn auf Reise,
suchen deine zärtlich leise.

Tauchen unter deine Haut
und vernehmen blutend laut,
wie das Pochen in der Brust
sich vereint zu einer Lust.

Enger Raum mit Zeit zum Sehnen,
fühl dich fließen durch die Venen.
In des Lichtes warmen Jahren
wird sich Glück unendlich paaren.

Ich habe Flüsse geweint,
um dein Herzensweltmeer zu finden.

(es war jede Träne wert)

Tauche mein Herz in deine Brust.
Ich möchte es klopfen hören.

(es liegt ohnehin schon in deiner Hand)

VOM ZAUBER DER SINNESQUALEN

Es beginnt mit einem Bild,
rahmenlose Farbenmeere,
aufwärts fließt ein Strom so wild
in des Geistes bunte Leere.

Melodien, so warm und weich
wie der Samt in deinen Händen,
strömen in den Seelenteich.
Emotionen können blenden,

doch du tauchst in dieses Gold,
du verlierst dich in den Strahlen.
Wunderwahnsinn ist der Sold,
rauschvertonte Sinnesqualen.

Verletzlich zu sein
Entfacht Ohnmacht, die
Regenbögen in
Trauer kleidet.
Reiße mit mir diesen finsteren
Anblick in Fetzen
Und reise an meiner Seite
Einem Traumrausch entgegen, dem
Nacht nichts anhaben kann.

(ich reise meist allein)

SCHOSSGEBET

Zauberliebes Fabelwesen,
mach, dass mein Herz niemals bricht.
Mach, dass es kein Traum gewesen,
heute nicht und niemals nicht.
Mach, dass ein untrennbars Band
uns ewiglich zusammenhält,
vielleicht aus Stahl oder Diamant,
dass jeder Sturm zu Staub zerfällt.
Dass keiner geht ohne den Zweiten,
denn wenn einmal die Sense schwingt,
dann möcht ich mit in diese Weiten,
auch wenn es herzenstragisch klingt.

Verdrängung

Deine Liebe war wie das Meer.
Mit der Tiefe kam die Finsternis.

· · · · · · · · · · ·

Jede Umarmung war wie ein samtener Mantel.
Ich habe die Nadeln im Saum zunächst gar nicht gespürt.

(vielleicht wollte ich auch nur nichts spüren)

AUSGETRÄUMT

Unsere Träume waren safranrot umsäumt,
wie das Herbsthaar mancher Bäume
sich auf ihrem Haupt aufbäumt.
Doch aus Eichen wurden Weiden
und der Saum erlag dem Leiden
vieler trauergrauer Krallen.
Höre noch die Tränen fallen.
So war das, was einst mit Herz umsäumt,
noch vor dem Jänner ausgeträumt.

Flüsternd
Raunst du stetig
Abschied.
Gewissheit
Ist
Lüge.

All das Leuchten hat keine Bedeutung,
wenn die Liebe erblindet nach den Sternen greift.

(und so verblasst es)

Augenstern meiner,

Unsere Ewigkeit endet jetzt.

Schimmernde Hoffnung verlor

Den Glanz.

Einsam war es

Mit dir zuletzt.

Hörst du noch, wie wir

Einst davon sprachen,

Regen und Sonne zu sein? Nur

Zusammen malten wir bunte Himmelspaläste.

Endlos kam uns vor, was

Nun den Lebensabend nicht mehr erlebt.

Was ist es bloß, das mich nährt,
im Waisenhaus der Nähe?
Solang ich denke, sehne ich.
Solang ich sehne, klopft mein Herz.

Leere pflasterte die Nähe zwischen uns.
Deshalb konntest du nie nach mir greifen.
Deshalb konnte ich so endlos tief fallen.

EINST MALTEN WIR VERGANGENHEIT

Einstmals malten wir einander
Ewigkeiten aus Versprechen.
Wir vergaßen greise Wunden.
Liebe sollte Schmerzen brechen.

Niemand sollte nach dem andern
greifen müssen, um zu leiden.
Hoffnung in Entblößung finden.
Liebe sollt uns immer kleiden.

Niemals sollten Abschiedsworte
über unsre Lippen gleiten.
Denn wir wollten unsre Herzen
bis zum letzten Schlag begleiten.

Wie Geschwüre scheinen diese
Schwüre, wenn ich nach dir trachte,
mich verloren in dir frage,
wann der Drang in dir erwachte,

die Versprechen, die wir malten,
all die Bilder zu verbrennen,
aus dem Feuer eins zu retten,
es Vergangenheit zu nennen.

Die Gefühle ersticken an all den Geschichten,
die zwischen uns stehen.

(manche handeln von Dingen, andere von Menschen)

Ich glaube nicht mehr an meine
Realität, die wie ein
Rosaroter Rausch meine
Träume tränkte
Und mich in tausend offene
Messer schlafwandeln ließ.

Während du schweigst,

Erzählst du unsere Geschichte.

Nicht den Anfang.

Du schweigst das Ende

Und

Nichts als

Gift bleibt mir zu kosten.

Hoffnung

Du bringst mir jeden Tag Blumen
und jeden Tag stelle ich den welken Strauß in die Vase.

Deine letzten Worte glichen Leichentüchern.
Sie beabsichtigten schützend zu umhüllen,
was innerlich bereits tot war.

(es gab nichts, das wir nicht zu Grabe trugen)

Nichts als
Alles wollt
Ich geben.
Viel zu wenig.

Gleichnis

Was tust du eigentlich mit deinem Herzen,
wenn du Lügen sprichst?
Hältst du ihm Mund und Augen zu und hoffst,
es bliebe dennoch Spiegelbild des meinen?
Wohl wahr.
Wie meines ertrinkt es im Gift.

Résumé

Deine Träume hängen wie Fetzen aus schwarzen Augenhöhlen.
Das Leben hat dich in Lumpen gehüllt.

BIS ZUM FÜNFZEHNTEN

Karges Holz, wie spitze Knochen
ragte das Geäst empor,
weder Lust noch zartes Pochen
in des Herzens Korridor.

In den Zimmern kein Verlangen,
draußen blutete der Wind,
zwischen zukunftslosem Bangen
starb schon oft in ihr das Kind.

Träume malten weiße Wände
an mit Hoffnung und dem Bild
von der Liebe ohne Ende,
wissend, dass es sie nicht gibt.

Alles Negative ist temporär.
Jetzt ist es das Fürimmer auch.

Du warst nicht mehr da
und aus meinen Augen bluteten all die Worte,
die ich dir nicht mehr sagen konnte.

FÜR DICH, FÜR NIMMER

So fühlt sich das Fürnimmer an.
Es kriecht wie ein Parasit
durch meinen Körper,
nistet sein Gift in meinem Speichel,
erstickt den letzten Keim in Hoffnung.
Und wenn ich einsam bin,
blute ich dafür, dass ich sie in mir trage.

Wie wäre

Es gewesen,

Reineke, wenn du mich,

Bloß mein

Innerstes gesehen hättest,

Statt deiner Fantasie von mir? Oder

Träumte ich, ohne zu erkennen, wer

Du bist

Und belog mich selbst?

(wer bist du?)

(eine Frage, die du mir nie stellen wolltest)

Die Briefe, die ich dir schreibe,
schicke ich nicht ab.
Sie sind durchnässt von Sehnsucht.

(und das bereits nach Sekunden)

Die Erinnerungen verblassen und
werden endlich zur erträumten Realität.

(über die Täuschung des Ichs)

TRAUMSEQUENZ

Wie Ascheregen jedes Wort,
benetzt die Haut wie zähes Pech.
Noch immer greif ich nach dem Traum.
Ich ritze Fragen in das Blech.
Ich ritze Leben in die Haut.
In all dem Rot fließt Nächteleid.
Ein Alptraum greift nach meiner Hand
und kein Erwachen weit und breit.

Akrostichon in D-Moll

Ohnmächtige
Hoffnung
Nährt
Emotionen,

Die
Im
Chaos
Hallen.

(es war vorhersehbar, nicht?)

Unsere Erinnerungen sind mir zu verweilen der liebste Ort.
Nirgendwo sonst kann ich dir begegnen.

FARBEN SIEHT MEIN
HERZ NICHT MEHR

Wenn ich stumpf betracht die Wellen,
höre ich mein Herz zerschellen.
All die roten Lichtmomente
schauen schwarz vom Firmamente.

All die schönen Emotionen
sind zersprungen zu Millionen
grauschattigen Seelenleichen.
Glück kann mich nicht mehr erreichen.

Sah dich stehen auf der Wiese,
sah dich liegen jüngst im Wald.
Tanzte Teufel weg, bis diese
mich besiegten grabeskalt.

Schaue immer noch aufs Meer,
wünsch das Rot noch immer sehr,
doch ich bleibe einfach leer,
Farben sieht mein Herz nicht mehr.

Ich werde ein zweites Herz wachsen lassen.
Und all die Tränen werden es nähren.
Und hast du das erste zerbrochen,
so wird das zweite durch dich gedeihen.

Psalmen

Wir wachsen an Tränen
wie die Weide am Regen.

(an jeder Träne)

· · · · · · · · · · ·

Du bist dein Zuhause,
er ist ein Gast.
Geh sorgsam mit dir um,
sonst wirst du ihn nicht mehr
beherbergen können.
Nicht über Nacht
und nicht über Jahre.

ÜBER DIE BEDEUTUNG DER ZEIT

Wie ein Windspiel vor dem Sturm
reglos in den Lüften hängt,
warte ich voll Hoffnung stumm,
bis dein Herz mich wieder lenkt.

Wie die Kerzen im November
güldenstill im Kranz gebettet,
wart ich, bis dein Feuer brennt,
das mich vorm Erfrieren rettet.

Würd ich stürmisch an dir zehren
und die Glut erstickend nähren,
würden Winde dich verschlingen
und dich niemals wiederbringen.

Seid

Ein

Leidenschaftliches

Bildnis

Selbstkreierter

Träume,

Liebt

Im

Einklang,

Begehrtet

Euch selbst.

(ich habe mich erforscht)

Wenn es nicht genug ist,
dann möchte ich nicht mehr davon.

(ich kenne mich, ich weiß von mir)

Ich zweifle an meinem Wert.
Mit diesem Zweifel entwerte ich dich.

(solange ich mich aufmerksam beobachte,
werde ich mich selbst nie von mir entfernen)

Man muss das Vielleicht wirklich wollen.
Man muss Erwartungen ausbluten lassen
und das Niemehr
als immerwährenden Begleiter akzeptieren.

Der Körper kleidet sich mit Stolz in Schatten.
Er ist des Lichtes Leinwand.
Die Seele trägt sie mit Trauer.
Sie ist der Finsternis Pinsel.

Jenseits der

Unschuld birgt

Naivität die

Gefahr, stets

Berauscht von

Realitätsverlust

Und

Namenloser

Nähe

Echte Liebe

Nicht zu wagen.

FRAGMENTE MEINER WANDERUNGEN

Mit der Zeit spürte ich nur noch
die Dunkelheit aufleuchten.
Und mehr denn je wusste ich
das Licht zu schätzen,
in dessen Gegenwart
ich nie gezwungen war,
umherzuirren.

Mit der Zeit erreichte ich das Licht.
Und mehr denn je wusste ich
die Dunkelheit zu schätzen,
in derer Gegenwart
ich nie gezwungen war,
eine Maske zu tragen,
in derer Gegenwart
es mir gestattet war,
meinem Körper Rast zu erlauben,
in derer Gegenwart
es elementar war,
die Realität zu verlassen.

Mit der Zeit erreichte ich das Licht.
Und mehr denn je wusste ich,
dass ich in dessen Gegenwart
so viel weiter
vom Weg abgekommen war
als an den finstersten Tagen.

P SCHICK SAL M

Die Angst ist mein Hirte,
an ihr wird es mir nie mangeln.

Gewitterwolken
sie sind nur ein Gedanke
noch regnet es nicht

(zweiundzwanzig)

Schmerz ist,
wie sein Verursacher,
nur ein Gast.

(wie die dunkelsten Wolkentürme am Himmel)

Nur weil du endlich aufgewacht bist,
heißt das nicht, dass du nicht mehr träumen darfst.

Leichentücher

Sie hatte den Regen ersehnt.
Und jetzt ist sie ertrunken.

• • • • • • • • • • •

Es ist die Finsternis,
die jetzt als einzige in mir leuchtet.

–

Und das Leben – nichts als Leere.
Und die Menschen – nichts als Hüllen.
Emotionen – nur Verräter.
Und die Tränen – nur pro forma.
All die Worte – hohles Wispern.
Ohne Inhalt, wie das Herz.
Und die Herzen – nichts als Särge
für die Leichen zwischen uns.
Und das Leben – nichts als Leere.
Und die Menschen – nichts als Hüllen.
Und die Herzen – nichts als Särge
für Kadaver unsres Traums.

Wie lange lebt
In uns
Ein Gefühl der

Liebe, wenn der
Andere es
Nicht zu
Geben vermag?
Es stirbt nur länger.

(wie lange?)

FANTASIE VOM HERZEEID

Liebestrunkne Zukunftsschwüre
brennen oftmals wie Papier.
Ascheregen, staublaut klagend,
modelliert ein neues Hier.

Hasserweichend graue Farben
bohren sich ins Fundament,
das durchnässt ist von dem Sehnen.
Rußbeseelt weint der Moment.

Übrig bleibt ein Schattendasein,
Fantasie vom Herzeeid.
In den leis ertrunknen Pfützen
segelt fortan Herzeleid.

BLUT WEINEN

Feuchte Wangen,
graues Bangen,
sieht in ihm nicht das Verlangen.

Rote Tränen,
leeres Sehnen,
nichts zu halten, anzulehnen.

Blut läuft über ihr Gesicht,
aufzuhalten ist es nicht.
Nächte tausend Winter lang,
Atmen wird ein müder Drang.

Du weidest meine Seele aus,
bis nur noch ein Tränenteich diese Leere füllt.

(wertschätzt du diese Tränen?)

EINSAMKEIT

Schau, die Körper, alle welk.
Fanden Trost am Dachgebälk.
Horch, es tropft ein kaltes Rot.
Frühling, Sommer, Schmerz und Tod.

Lass sie hängen in der Sonne,
Pein erstickte Seelenwonne.
Mit der Einsamkeit gerungen,
in die Einsamkeit gesprungen.

Ein verwunschener
Irrgarten, der
Niemals endet,
Spinnt seine
Alraunenranken um
Mein Herz.
Kampflos ergibt
Es sich und
Ich ertrinke in
Tiefschwarzer Tristesse.

TOTENWACHE

Ich halte nachts die Totenwach,
doch dauert diese ewig an.
Ein Sonnenaufgang bleibt verwehrt.
Die Sterne flüstern dann und wann.

Erzählen die Geschicht von vorn,
wie Menschen einst zur selben Zeit
berührten still des andren Geist,
verbannten all das Herzeleid.

Von Lieb erfüllt, so lebten sie
die hohe Kunst Dreifaltigkeit.
Trotz dessen ahnten beide nie
der Lichter Jahre Endlichkeit.

Den Herbstgedichten folgten bald
gespenstisch kalte Winterflocken.
Des Jahres Wende bracht Magie,
im Rausche hörte man Frohlocken.

Was wäre, wenn? Was wäre dann?,
frag ich die Sterne nächtelang.
Es fühlt sich alles trostlos an
und plötzlich wird mir angst und bang.

Für wen halt ich die Totenwach?
Denn unbeschreiblich ist mein Schmerz.
Im Mondlicht antwortet ein Stern:
Es ist dein eignes totes Herz.

Nicht der Tod ist das auf Erden,
was das größte Leid beschreibt.
Was in uns stirbt, während wir leben,
ist, was uns ins Unglück treibt.

ENDLICHKEIT

Sind erstickt an weißem Staub,
sind ertrunken in den Fluten,
haben Träume inhaliert,
um Erfüllung auszubluten.
Und wir schrieben unsre Namen
an die Türen unsrer Seele
mit dem Gift aus unsren Gallen
und wir deformierten Pfähle
wie zuvor des Herzens Grenzen,
um dieselben zu durchbohren.
In den Gräbern unsrer Liebe
haben wir den Tod geboren.

KSMDK ODER
NAIVE EUPHORIE

Ihr Lachen nährt den Schmerz,
ein amputiertes Herz.
Verspottet starrst du blind.

Sie lügen im Gebet,
erlösend ihr Sekret.
In ihm ertrinkt dein Kind.

Sie reichen dir den Tod.
Du greifst nach ihm devot.
Nach dir greift nur der Wind.

Wieder ziehe ich

Euphorie.

In der

Sehnsucht

Spüre ich

Ewigkeit.

Trostlose

Realität

Ändert ihr

Nächtliches Antlitz.

Ewigkeit ist nur das

Nichts.

(die Tränen liefen und du gabst ihnen Namen und es war fast Mai)

Als O. meine Welt verließ

Und nun, da die Sonne nicht mehr aufgeht,
wer trocknet jetzt unsere Tränen?

(nur die Zeit)

      (ich wünschte, ich hätte mehr Zeit dafür
      als nur den Rest meines Lebens)

(zweifelst du an einem Wiedersehen?)

      (ich zweifle an mir)

Unendlich verblühte jeden

Morgen ein

Stück mehr im

Chaos ihres greisen

Herzens und die

Liebe starb mit ihr.

Umschlungen im

Nichts der

Grabesstille blühte

Endlichkeit, als die

Nacht sie ereilte.

DANKSAGUNG

Der Weg zu diesem Buch würde wohl mehr als fünf Kapitel füllen und so manches wäre sinistrer als die *Leichentücher* es sind, doch der *Traumrausch* überwog letztendlich und diese Tatsache verdanke ich einigen Herzensmenschen: meiner Sandra, der ich das Buch widmen möchte (und selbst das ist nicht annähernd ausreichend, um Danke zu sagen); meiner Mama, die mich stets unterstützt hat, auch wenn sie beim Lesen mit Sicherheit eine gänzlich neue und oft sehr triste Seite an mir entdecken musste/ wollte; Cem, Qamar und Marie, die mich online wie offline unterstützten und literarisch bereicherten wie vor ihnen nur Georg Trakl und zu guter Letzt meinem Mann, dem ich am meisten dafür danken möchte, dass er nie etwas zwischen den Zeilen las, weshalb wir auch immer zu den Sternen reisen werden.

ÜBER DIE AUTORIN

Anna Maria Lipinski wurde 1981 in Oberschlesien geboren
und zog mit sechs Jahren mit ihren Eltern nach Berlin, wo sie in
Neukölln aufwuchs, das für sie den Inbegriff von Heimat darstellt.
Bereits als Kind schrieb sie Kurzgeschichten und feierte ihre erste
Veröffentlichung mit neun Jahren in einem Teletext. Sie lebt nach
wie vor in Berlin, wo sie neben ihrem Beruf ihrer Leidenschaft
für Lyrik und Kunst nachgeht. Nach Veröffentlichungen in
Anthologien und Lyrikmagazinen ist „Rituale des Vergessens" ihr
Erstlingswerk.

Mehr über die Autorin und ihre Projekte findest du unter
www.annalipinski.de oder auf Instagram unter *annamarialipinski*.